歡迎你來加拿大上學

作者：Meg Unger 和 Andrea Dulay
插圖：Christine Wylie

小小的手和寬闊的心胸

ISBN 978-1-7381310-3-7
文字版權：Meg Unger 2023
插圖版權：Christine Wylie 2023
印刷地點：加拿大

親愛的家長及孩子們：

歡迎你來加拿大上學。你們或許對孩子們開始上學感到百感交集。這些感覺都是正常的。老師們將會幫助你的孩子適應。我們鼓勵你們詢問老師和他們保持溝通。你的孩子有可能會和一位專門於英文語言學習的老師一起學習。這位老師會幫助你的孩子學習英文口語、閱讀和寫作。當孩子在家時，請繼續與你們的孩子使用母語。有良好母語基礎的孩子可以更容易地學習第二外語。祝你們與孩子在加拿大開始上學能一切順心。

Meg, Andrea and Christine

希望這本小書能幫助你們的孩子在加拿大就學上感到舒心。

學習不同的文化

我們希望能認識你，請你教導我們學習新文化。如果你想的話，你或許在「展示與討論」(Show and Tell)，帶一些物件來展示你所來自的文化背景。

學校有不同的空間可以使用

我們會帶你參觀學校。這裡有各式各樣不同的空間讓你使用。

辦公室的職員們可以幫助你

辦公室的職員們可以幫助你。如果你受傷了或需要幫忙，去辦公室尋找幫忙就對了。

感覺與心情的用字

有時候你會有不同的感覺與心情，這些都是正常的。
這裡有些感覺與心情的用字可以幫助你表達自己。

快樂
Happy

傷心
Sad

生氣
Mad

害怕
Scared

不舒服/生病了
Sick

餓
Hungry

解決問題的方法

如果你需要幫助，你可以試試：

告訴老師發生什麼事，用手指指向你問題的來源

用畫圖的方式來告訴老師發生了什麼事

跟你的老師聊天，他們想知道要怎麼做能讓你開心和感到安全

請同學幫助你

深呼吸

如何與別人對話和溝通

與別人講話和聽人說話都是學習英文很好的方法。要用你的眼睛看，用你的耳朵聽，要輪流和你的朋友們說話。

一些常用的字和句子

試著與別人分享你的想法，要記得有禮貌喔。這些是常用而且重要的字和句子。

對/是。
Yes.

不對/不是。
No.

請。
Please.

謝謝你。
Thank you.

對不起。
I am sorry.

我想去上洗手間。
I need to go to the washroom.

不好意思。
Excuse me.

請問你可以幫我嗎？
Can you help me?

我們的身體部位

你可以指出這些身體部位嗎?

頭
Head

眼睛
Eyes

耳朵
Ears

嘴巴
Mouth

牙齒
Teeth

手臂
Arms

手
Hands

手指
Fingers

手肘
Elbows

肚子
Stomach

膝蓋
Knees

腳
Feet

洗手間

我們會告訴你洗手間在哪裡，也會教你如何讓你的老師知道你要去洗手間。你可以問你的老師：
「請問我可以去上洗手間嗎？」
"May I use the washroom?"

學校用的室內鞋

你的老師或許會請你帶來一雙你可以學校裡使用的室內鞋。你可以把室內鞋放在教室裡。

圖書館

圖書館是一個充滿了書的地方，你可以在那裏閱讀還有聽故事。你可以借這些書，然後在下次圖書館日的時候交還到圖書館。你要盡力的好好保護這些書喔。

音樂課

學校裡或許有個音樂教室，你可以在那裡學習歌曲還有樂器。

室內體育館

室內體育館是一個很大的房間，你可以在裡面玩遊戲。如果你聽到一個吹哨聲，你要馬上停止你的動作，然後聽老師在說什麼。因為或許老師想要示範一些指令動作給學生們看。

集會

在集會上會有很多的班級聚集在一起學習新的東西或者是觀看表演。我們要坐好，仔細看和仔細聽。

重要的演習

演習是在緊急情況的時候你要如何做出反應和動作。你可能會聽到一個很響亮的警報聲，那個聲音是一個信號，它告訴你要開始進行緊急情況的反應和動作。在這個情形下，你要安靜和保持鎮定

小休息時間

在小休息時間，我們會到外面去玩。有很多導師會注意大家的活動來確保大家的安全。如果你需要幫忙或者是受傷了，你可以告訴這些導師。小休息時間會有許多的班級和你的班級一起在外面玩。

不同的衣物

天氣或許會很潮濕、很冷、下雪或是很熱。你可能會需要不同的衣服和鞋子。要記得要看天氣預報來決定你要穿什麼的衣服才會覺得舒服。穿的太熱或太冷都會令你不舒服。

你可以指出這些衣物嗎？

靴子/雨鞋
Boots

手套
Gloves

外套
Coat

雨傘
Umbrella

毛衣
Sweater

耳罩
Earmuffs

毛帽
Toque

防雪裝
Snowsuit

圍巾
Scarf

襪子
Socks

安全地排隊

排隊的時候，我們不搶位也不推撞。若有人在你前面排隊，我們就到隊伍的最後面去排隊。

學習英文

在學校我們有不同的老師負責不同的事。你或許會有另一個老師來幫助你學習英文閱讀，聽力和寫作。

不同的食物

每個人都吃不同的食物，你也應該吃你喜歡的食物。有時候有一些同學們對食物過敏，例如堅果等等。如果有這樣的情形，我們就不在學校裡吃那些會令同學過敏的食物。

慶祝不同的節日和文化

在加拿大，我們會慶祝不同的節日。像是我們很喜歡慶祝情人節，情人節是一個慶祝友情的節日，學生們經常都會互相交換卡片。

數字

來!練習這些數字還有怎麼數東西

1 一顆樹
one tree

2 兩朵花
two flowers

3 三輛汽車
three cars

4 四棟房子
four houses

5 五隻狗
five dogs

6　六隻貓
six cats

7　七顆蘋果
seven apples

8　八顆梨子
eight pears

9　九隻毛毛蟲
nine caterpillars

10　十隻蝴蝶
ten butterflies

試著用英文數數和從一寫到十

1 2 3 4 5 6 7 8 9 10

顏色

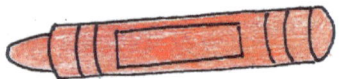
紅色
Red

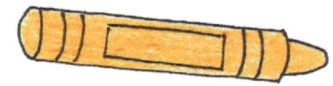
橘色
Orange

黃色
Yellow

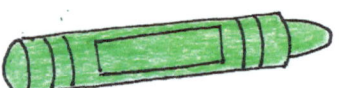
綠色
Green

藍色
Blue

紫色
Purple

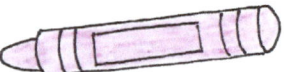
粉紅色
Pink

白色
White

黑色
Black

棕色/咖啡色
Brown

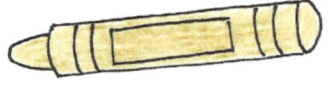
金色
Gold

灰色
Grey

文具

我們在學校使用很多文具

剪刀

Scissors

鉛筆

Pencil

膠水/口紅膠

Glue

彩色鉛筆/蠟筆

Crayons

橡皮擦

Eraser

馬克筆

Markers

請記得 ♥

如果你需要幫忙，你就開口問

看看同學們都在做什麼

盡量嘗試

和你的同學說話時，仔細聽他們在說什麼和輪流說話

深呼吸

保持一顆勇敢的心

我們很開心你來到我們的學校。我們希望這本書能幫助你在加拿大上學上得快樂又舒心。

有用的資源

British Columbia (BC) Newcomers' Guide
卑詩省新移民指南

搜尋網址：http://www.welcomebc.ca

卑詩省新移民指南可以幫助你們取得一些資訊，例如：如何找醫生和其他醫療相關服務、如何取得卑詩服務卡、和如何註冊孩子入學。這本指南有13種翻譯語言。你們也可以知道卑詩省安定服務的一些相關訊息。卑詩省安定服務幫助剛來到加拿大的新移民，這些服務可以協助你找工作、註冊語言課程、了解當地的文化和習俗和了解你在加拿大的權利。安定服務通常是免費的，你們可選擇不同的母語服務。這些服務機關會保護你們的隱私權。

School: English Language Learner's Program (ELL)
學校裡所提供的英文語言學習計畫

大多數的學區都有英文學習計畫服務，這些服務可以幫助學生發展他們的英文能力。你們可以與學校和老師詢問的孩子在學校裡英文語言學習服務。

Settlement Workers in Schools (SWIS)
學校移民安頓服務人員（SWIS）

學校移民安頓服務人員（SWIS) 提供新移民家庭可利用的資源和服務。你們可以在孩子的學校裡詢問該如何聯繫學校移民安頓服務人員。這些服務人員除了可以協助填寫服務相關的表格，他們也會協助如何使用你們所在的社區資源和提供推薦服務。

這些網站可以幫助你的孩子學習英文

Starfall.com

Numberock.com

ABCya.com

Uniteforliteracy.com

Storybookscanada.ca

Epic: Getepic.com

Raz Kids: literacy.learninga-z.com

Gobierno de Canadá: https://kidsnewtocanada.ca/

在Youtube上，搜尋這些學習頻道

Alphablocks	Have Fun Teaching
Numberblocks	Storybots
Super WHY	Word World
Wild Kratts	Meet the Phonics
Jack Hartmann	Duolingo

最後的小小叮嚀... ♥

請你們繼續使用母語和你的孩子溝通。他們可以藉由母語讓孩子更加了解他們身邊的人事物。當孩子有良好的母語基礎，他們能更輕鬆的學習第二語言喔。

www.ingramcontent.com/pod-product-compliance
Lightning Source LLC
Chambersburg PA
CBHW042250100526
44587CB00002B/82